AF235858

Fußballerische Spielintelligenz fördern

Wie Sie die kognitiven Fähigkeiten im
Fußball effektiv trainieren und verbessern

Fritz Stenzel

Alle Ratschläge in diesem Buch wurden sorgfältig erwogen und geprüft. Eine Garantie kann dennoch nicht übernommen werden. Eine Haftung des Autors beziehungsweise des Verlags für jegliche Personen-, Sach- und Vermögensschäden ist daher ausgeschlossen.

INHALT

Das erwartet Sie in diesem Buch

In diesem Ratgeber soll aufstrebenden Trainern und Personen, die grundsätzliches Interesse an Fußball zeigen, der Begriff der Spielintelligenz nähergebracht werden und wie diese mithilfe verschiedener Übungseinheiten gezielt trainiert werden kann. Im theoretischen Teil des Buches wird Ihnen zunächst grundlegend erklärt, worum es sich bei der Spielintelligenz handelt, an welchen Merkmalen sie bei Spielern auf dem Feld zu erkennen ist und welche grundsätzliche Rolle sie in der modernen Fußballwelt einnimmt. Außerdem wird Ihnen erläutert, aus welchen Gründen bereits junge Spieler mit dieser Thematik im Training konfrontiert werden sollten.

Im zweiten, praktischen Teil des Ratgebers erfahren Sie, welche Rolle der Trainer in der Entwicklung seiner Mannschaft einnimmt und wie er am besten mit seinen Spielern kommuniziert, um die gewünschten Trainingsziele zu erreichen. Darüber hinaus werden Ihnen zwei Trainingsmodelle und darin enthaltende Übungsbeispiele vorgestellt, mit deren Hilfe die Spielintelligenz Ihrer Mannschaft effektiv gefördert werden kann. Dabei ist eines der beiden Programme besonders für das Nachwuchstraining geeignet, während das zweite häufig Verwendung im Erwachsenenbereich findet. Wenn Sie das Buch abgeschlossen haben, sind Sie in der Lage, den Begriff Spielintelligenz zu verstehen und wie sie erlernt werden kann. Außerdem werden Sie mithilfe verschiedener Übungseinheiten Ihr Training umgestalten und neue Anreize für Ihre Spieler setzen können.

Spielintelligenz in der Theorie

Um Sportler im Bereich der Spielintelligenz praktisch ausbilden zu können, muss der Begriff zunächst in der Theorie vollständig nachvollzogen werden. Mithilfe dieser Grundlagen können Sie dann die im praktischen Teil vorgetragenen Einheiten in Ihr Training einbauen.

WAS IST EIGENTLICH SPIELINTELLIGENZ?

„Fußball wird mit dem Kopf gespielt. Deine Füße sind nur Werkzeuge."

Dieser Satz stammt vom ehemaligen italienischen Fußballer Andrea Pirlo, dem nachgesagt wurde, über seine gesamte Karriere hinweg einer der intelligentesten Spieler der Fußballwelt gewesen zu sein. Pirlo war mit 1,77 Meter Körpergröße und einer eher schmächtigen Statur keineswegs das typische Erscheinungsbild eines Weltklassefußballers. Auch konnte eher nicht durch Schnelligkeit bestechen. Allerdings zog er über Jahre hinweg von seiner Position im zentralen Mittelfeld durch ein nahezu perfektes Kurzpassspiel genaue weite Bälle in die Tiefe und kluge Laufwege die Fäden im Verein und in der italienischen Nationalmannschaft. Bis zum Ende seiner aktiven Laufbahn im Jahr 2017 sammelte Pirlo 17 Titel, darunter zweimal die Champions League mit dem AC Mailand sowie 2006 den größtmöglichen Titel im Profifußball: die Weltmeisterschaft 2006 mit Italien. Den Tag vor dem Finale verbrachte Pirlo laut eigener Aussage damit, in seinem Hotelzimmer an der Konsole zu spielen. Er habe sich vor wichtigen bzw. entscheidenden Spielen nie psychischem Druck ausgesetzt gefühlt. Doch wie erlangt man als Spieler ein solches „Mindset", Spiele scheinbar auf die leichte Schulter zu nehmen, aber dennoch Bestleistungen abzurufen? Was also zeichnet diesen Fußballer aus, der im Gegensatz zu vielen seiner Kollegen schlechtere physische Voraussetzungen hat? Die Antwort ist eindeutig: die Spielintelligenz.

Wahrscheinlich jeder, der in seinem Leben ein Fußballspiel gesehen hat, wird von dem Wort Spielintelligenz gehört haben. Genauer eingegangen wird auf diesen Begriff allerdings so gut wie nie, obwohl er doch vor allem im modernen Fußball eine signifikante Rolle eingenommen hat. Während in vergangenen Tagen der Fokus im Fußballtraining zunächst auf den technischen Aspekten, z. B. das Dribbling und die Ballbehandlung, und später auf den konditionellen Aspekten lag, wird heute vermehrt bereits jungen Spielern versucht, die Komplexität der Spielintelligenz nahezulegen.

Einen intelligenten Spieler zeichnet aus, dass er seine Optionen in der aktuellen Spielsituation analysiert und sich für die bestmögliche entscheidet, bevor er die Aktion ausführt. Dies betrifft sowohl Handlungen mit als auch ohne Ball: Ist es zum Beispiel besser, einen Pass zu spielen oder ins Dribbling zu gehen?

Oder ist es hilfreicher für das Team, sich fallen zu lassen oder vorn als Anspielstation anzubieten? Dies alles sind Entscheidungen, die der Spieler im Kopf trifft und dann dementsprechend umsetzt.

Diese Eigenschaft kann speziell durch sogenanntes kognitives Training trainiert und verbessert werden. Kognition im Sport bezeichnet die Aufnahme, Verarbeitung, Speicherung und Weiterleitung von Informationen.

Kognitive Fähigkeiten bestehen aus drei ausschlaggebenden Faktoren:

1) Kognitive Flexibilität: Die Bedeutung des Begriffes ist das Einstellen auf neue Spielsituationen und die Entscheidungsfindung.

2) Inhibition: Der Spieler ist in der Lage, seine Aktionen kontrolliert auszuführen.

3) Arbeitsgedächtnis: Der Spieler verfügt über ein strategisches Denken und Handeln und festigt die erlernten Aktionen.

Um die kognitiven Fähigkeiten zu verbessern, ist es von großer Bedeutung, im Training Reize zu setzen und den Spieler in neue Situationen hineinzuversetzen, in denen er handlungsschnell reagieren und strategisch arbeiten muss. Wird der Spieler mit ihm unbekannten Situationen konfrontiert, wird mit der Zeit seine Kognition und somit auch seine Spielintelligenz zunehmen.

Ist man als Fußballer im Besitz einer hohen Spielintelligenz bzw. eines guten Spielverständnisses, wirkt sich das auf die konditionellen, technischen und physischen Fähigkeiten aus und verbessert das gesamte Spiel dieser Person. Je höher die Intelligenz eines Spielers, desto schneller ist er in der Lage, eine sinnvolle Option für die aktuelle Spielsituation zu finden und diese umzusetzen. Nicht zu vernachlässigen ist dabei, dass für eine gewisse Spielintelligenz auch die entsprechenden motorischen und physischen Fähigkeiten bei den Spielern vorhanden sein müssen, denn selbst, wenn man die richtige Lösung im Kopf hat, bringt es dem Team keinen Mehrwert, wenn die Aktion durch z. B. ungenaues Passspiel nicht zum Ziel führt und der Ball verloren geht.

Horst Wein, Ausbilder von Fußballtrainern und Autor, stellt in seinem Buch „Spielintelligenz im Fußball: Kindgemäß trainieren" mehrere Spielformen vor, die im Training eingesetzt werden können, um die Spielintelligenz junger Fußballer bereits im frühen Alter zu fördern. Diese Übungen geben den Kindern Entscheidungsfreiraum, um spielnahe Situationen zu simulieren.

Auf Basis von Weins Arbeit entstand das **4-Phasen-Modell**, das den Ablauf jeder Handlung eines einzelnen Spielers erklärt:

Die erste Phase ist die der **Wahrnehmung**: Der Spieler realisiert seine Position auf dem Feld und die des Balles und beobachtet die aktuelle Spielsituation. Weiter geht es mit der Phase des **Verstehens**, in der der Spieler die aktuelle Situation analysiert und abwägt, ob er z. B. richtig steht oder ob er sich bewegen muss, um seinem Team hilfreich zu sein. Nun muss sich der Spieler für eine Aktion entscheiden (**Entscheidungsphase**), nachdem er alle möglichen Optionen in seinem Kopf durchgespielt hat. Die vierte und letzte Phase ist dann logischerweise, die **Ausführung** der Aktion. Egal, ob der Spieler z. B. mit Ball zum Torschuss kommt oder einen Sprint ansetzt, um dem Ballführenden eine Anspielstation anzubieten.

Auch wenn der Zeitraum von der Wahrnehmung bis zur Ausführung nach einem langen Prozess klingt, durchläuft ein Spieler diese Abfolge alle paar Sekunden. Die 4 Phasen spielen intelligente Fußballer in nahezu jeder neuen Spielsituation durch, um dann die bestmögliche Lösung zu finden und umzusetzen. Fußball ist ein schnelllebiger Sport, bei dem das Tempo von der einen auf die andere Sekunde rasant angehoben werden kann und jede Bewegung der beiden gegeneinander antretenden Teams zu neuen Konstellationen auf dem Spielfeld führt. Um imstande zu sein, über das gesamte Spiel hinweg das 4-Phasen-Modell optimal zu nutzen, ist eine hohe Wiederholungszahl spielnaher Situationen im Training unabdingbar.

Dieses Modell veranschaulicht, wie groß die Rolle ist, die der Kopf bzw. das Gehirn im Fußball spielt. An dieser Stelle kann man sich noch einmal auf das Zitat von Andrea Pirlo berufen: „Fußball wird mit dem Kopf gespielt. Deine Füße sind nur Werkzeuge." Im heutigen Fußball reicht es lange nicht mehr aus, wenn man technisch begabt ist und über eine gute Physis verfügt. Die Konzentration über das gesamte Spiel aufrechtzuerhalten, um durchgehend die richtigen Entscheidungen für die Mannschaft zu treffen, erfordert eine hohe mentale Fitness, die bereits im frühen Fußballalter gefördert werden sollte.

Zudem lässt sich eine Verbindung zwischen dem 4-Phasen-Modell und Kognition im Sport herstellen, denn je besser die kognitiven Fähigkeiten eines Spielers sind, desto schneller und präziser ist er dazu fähig, die einzelnen Phasen zu durchlaufen und in den meisten Fällen die richtige Entscheidung zu treffen.

Während in vergangenen Zeiten oft das Klischee des Fußballers herrschte, der „nicht viel im Kopf hat" und „froh sein kann, dass er kicken kann", da er außerhalb des Sports eher schlechte Aussichten auf einen Beruf hat, legen die Vereine in der heutigen Zeit bei ihren jungen Spielern viel Wert auf Bildung. So ist es heute Standard, dass den Spielern in den Nachwuchsleistungszentren die Möglichkeit gegeben wird, beispielsweise ihr Abitur zu erlangen. Daran wird deutlich, dass eine gute Schulbildung von großer Bedeutung für die Vereine ist, da die Spieler nicht nur körperlich, sondern auch mental unter den bestmöglichen Bedingungen ausgebildet werden sollen. Wenn man als aufstrebender Fußballspieler nicht ein gewisses Maß an Spielintelligenz an den Tag legt bzw. entwickelt, wird es im modernen Spiel schwierig, den Weg in eine hohe Spielklasse zu finden.

Heutzutage greifen viele Vereine neben den Bildungsmöglichkeiten, die sie ihren Spielern bieten, zu Mentaltrainern, um den Prozess der richtigen Entscheidungsfindung während eines Spiels zu beschleunigen. Hierbei kann es hilfreich sein, wenn man die Aktion, die man als Nächstes ausführt, vorher im Kopf wieder und wieder durchspielt. Wichtig ist, dass die Konzentration vollkommen auf der auszuführenden

Aktion liegt und der Spieler nicht über die Folgen nachdenkt, die diese mit sich bringen kann. Das führt zum Überdenken der Aktion, worunter wiederum die Ausführung leiden kann. Der Erfolg eines solchen Mentaltrainings hängt davon ab, wie oft man die Situationen im Training wiederholt. Hierdurch setzt sich der optimale Ablauf der Aktion im Kopf fest und wird auf kurz oder lang auch im Wettkampf zu Erfolgen führen. Ein solches Trainieren der mentalen Fähigkeiten wird sich zudem im positiven Sinne auf das technische und taktische Verständnis eines Spielers auswirken: Durch das Abspielen der Ausführung vor dem inneren Auge und dem Wiederholen der anschließenden Aktion, sei es ein Dribbling oder ein Aspekt des Stellungsspiels, werden die Abläufe automatisiert und können in Zukunft, ohne zu zögern, erfolgreich ausgeführt werden.

Generell spielt im Fußball, um es in eine hohe Spielklasse zu schaffen, natürlich das Talent eine entscheidende Rolle. Einige Spieler haben im Gegensatz zu ihren Mannschaftskameraden einen besseren Umgang mit Ball. Andere wiederum profitieren von ihrer Geschwindigkeit. Besonders technische und körperliche Aspekte sind teils angeborene Talente, die für Spieler mit weniger Begabung sehr schwer bis unmöglich aufzuholen sind. Doch wird bereits im jungen Alter begonnen, das generelle Verständnis für den Fußballsport und die Spielintelligenz zu thematisieren und trainieren, können auch weniger begabte Spieler ein hohes Leistungsniveau erreichen.

WAS SIND DIE MERKMALE EINES INTELLIGENTEN FUßBALLERS?

Wurden nun im Vorlauf die Merkmale und Abläufe der Spielintelligenz dargelegt und definiert, ist es nun von hoher Bedeutung zu erläutern, wie sich diese während eines Spiels oder einer Spielsimulation bei den Spielern äußern, um zu erkennen, in welchen Bereichen die Spielintelligenz bereits ausgereift ist und an welchen Stellschrauben noch gedreht werden muss, um diese zu verbessern.

In Betracht zu ziehen ist hierbei, dass je nach Spielposition eine andere Art und Weise der Spielintelligenz erforderlich ist, denn ein Innenverteidiger hat andere Aufgaben als beispielsweise ein Mittelstürmer: Während dem Verteidiger hohe Konzentration im Stellungsspiel und der Spieleröffnung abverlangt wird, liegt der Fokus eines Stürmers wesentlich mehr darauf, die richtigen Laufwege sowie den passenden

Torabschluss zu finden. Allerdings gibt es eine hohe Anzahl an Attributen, die einen intelligenten Spieler auszeichnen, die auf jeder Position vorhanden sind.

Da die Spielintelligenz, wie bereits in Kapitel 1 erklärt, die physischen und technischen Eigenschaften verknüpft, spiegelt sich dies auch bei den Merkmalen wider. Diese können je nach Spielsituation technische, körperliche oder/und mentale Anstrengung vom Spieler abverlangen:

Ein hohes Spielverständnis ist dann erkennbar, wenn der Spieler Ruhe am Ball ausstrahlt und das Spiel, je nach Situation und Nutzen, für das eigene Team beschleunigen und verlangsamen kann. Hier werden die vom Fußballer technischen sowie mentalen Fähigkeiten auf die Probe gestellt. Mental, da er mit dem Kopf entscheidet, ob es sinnvoller ist, das Spiel schnell oder auch langsam zu gestalten.

Technisch, da er nicht hektisch wird und die Aktion, für die er sich entschieden hat, mit Ball präzise umsetzt. Ein anderes Merkmal, bei dem der Spieler vor einem Problem steht, dass er technisch und mental löst, ist das Gleichgewicht zwischen Risiko und Sicherheit in seinem Spiel. Ein intelligenter Fußballspieler wägt ab, ob die Aktion, die er als Nächstes ausführen wird, zu viel Risiko birgt. Dies kann nämlich schnell zu einem Ballverlust führen. Auf der anderen Seite ist ein zu sicherheitsbedachtes Spiel ebenfalls nicht zielführend, da es so schwerfällt, in gute Positionen vor das gegnerische Tor zu gelangen. Also findet ein Spieler mit einem gewissen Spielverständnis die richtige Mischung aus beidem. Natürlich unterläuft auch den besten Fußballern weltweit gelegentlich ein Fehlpass oder ein Zweikampf geht verloren. Im schlimmsten Fall erwischt man einen schlechten Tag und auf dem Feld läuft nicht viel zusammen. Doch ein mental starker Spieler lässt sich von einzelnen Fehlern oder einem schlechten Spiel nicht verunsichern und versucht, dem Spielverlauf weiterhin seinen Stempel aufzudrücken.

Zu den Stärken eines intelligenten Fußballspielers zählt zudem die Fähigkeit, Bewegungen, Pässe oder auch Laufwege des Gegners zu erahnen, bevor dieser sie überhaupt ausgeführt hat. Dieses Können nennt man Antizipation und sie ist eines der bedeutendsten Merkmale eines Spielers mit einem hohen Maß an Spielintelligenz, denn durch sie werden die Bewegungsabläufe des Spielers automatisiert.

Eng verwandt mit der Kalkulation des einzugehenden Risikos ist, dass der Spieler korrekt einschätzt, welche Fähigkeiten er in technischer Hinsicht besitzt, um gewisse Aktionen auszuführen. Hier kann man sich erneut auf das 4-Phasen-Modell berufen, bei dem der Spieler vor der Ausführung seiner Aktion überlegt, was er mit oder ohne Ball als nächsten Schritt auf dem Spielfeld durchführt. Ein intelligenter Fußballer kann einschätzen, ob er in der Lage ist, beispielsweise einen Pass an den Mann zu bringen, oder ob er mit einem bestimmten Laufweg den Ball erreichen kann. Er weiß genau, wozu er mit Ball (also technisch) und ohne Ball (physisch) in der Lage ist und überschätzt sein Können nicht. Durch dieses Bewusstsein der eigenen Fähigkeiten kann man den Druck, den man in Spielentscheidenden Situationen ausgesetzt ist, signifikant herunterfahren.

Da ein Fußballspiel in der Regel 90 Minuten dauert, ist es vor allem auf laufintensiven Positionen wie die eines zentralen Mittelfeldspielers oder eines modernen Außenverteidigers von großer Wichtigkeit, im Besitz einer hohen Kondition zu sein. Deshalb zeugt es von einem gewissen Grad an Spielintelligenz, wenn Spieler ihre Kräfte über die gesamte Spiellänge einteilen, sich nicht übernehmen und unnötige Laufwege vermeiden. So ist es dem Spieler möglich, seinem Team über einen langen Zeitraum behilflich zu sein. Wenn beispielsweise ein zentraler Mittelfeldspieler bereits früh im Spielverlauf am Limit seiner Kräfte angelangt ist, kann sein Team mit großen Problemen im Offensiv- sowie im Defensivspiel konfrontiert sein. Das Gleiche gilt für einen modernen Außenverteidiger, der in der Regel auch häufig im Offensivspiel eingebunden ist. Spielt ein Team mit hochstehenden Außenverteidigern, müssen diese während der Spielzeit unzählige Wege an der Linie im Angriff und der Verteidigung zurücklegen. Die richtige Einteilung der Kondition ist also essenziell und ein weiteres Merkmal der Spielintelligenz.

Anzumerken hierbei ist, dass die beiden angeführten Positionen (Zentraler Mittelfeldspieler und Außenverteidiger) natürlich nicht die einzigen Positionen sind, die die richtige Krafteinteilung benötigen.
Auf jeder Spielposition ist, um ein hohes Niveau zu erreichen, eine starke physische Ausdauer vonnöten. Allerdings legen die Spieler auf den beiden genannten Positionen deutlich mehr Kilometer in einem Spiel zurück als beispielsweise ein Innenverteidiger.

Fußball ist eine körperbetonte, Zweikampflastige Sportart, die auch zu einem großen Teil von Emotionen dominiert wird. Haben Sie bereits das eine oder andere Match angesehen, wird Ihnen die eine oder andere Konfrontation zwischen den beiden gegnerischen Mannschaften nicht entgangen sein: Es kommt in hitzigen Situationen (z. B. bei einem schwerwiegenden Foul) zu Wortgefechten oder Rudelbildungen, in denen die Emotionen hochkochen.

Die Spieler versuchen, sich durch gegenseitige Provokationen aus der Bahn zu werfen, um die Konzentration der Gegner zu stören oder sie einzuschüchtern. Ein intelligenter Spieler behält in solchen Situationen die Ruhe und lässt sich auf Konfrontationen mit dem Gegner nicht ein. Er legt seinen Fokus komplett auf das Spielgeschehen, um seiner Mannschaft zum Sieg zu verhelfen. Außerdem tritt er häufig als Schlichter auf und versucht, vor allem seine Mitspieler zu beruhigen, damit diese wieder ihre Konzentration dem Spiel widmen können.

Oft geht diese Eigenschaft mit einer gewissen Erfahrung einher, denn oft sind es junge Spieler, die ein teilweise ungestümes Verhalten an den Tag legen und sich auf mentale Spielchen mit der gegnerischen Mannschaft einlassen. Allerdings gibt es auch erfahrene Spieler, die ihre Emotionen nicht immer im Griff haben. Das Alter und die Erfahrung sind also nicht immer das ausschlaggebende Kriterium. Wenn ein Fußballer in der Lage ist, in schwierigen Situationen seine Emotionen im Griff zu haben, besitzt er eine wichtige Eigenschaft eines Führungsspielers.

Ein intelligenter Fußballspieler ist ebenfalls in der Lage, schnell auf taktische Änderungen seines Trainers oder der gegnerischen Mannschaft zu reagieren und diese umzusetzen. So realisiert er zügig die vollzogenen Änderungen im Spiel und passt sein Spiel dementsprechend an.

Zu beachten ist, dass die genannten Merkmale nicht positionsspezifisch eingeordnet sind, sondern allgemeine Kennzeichnungen für Spielintelligenz auf dem Fußballplatz darlegen. Um dem Leser die benötigten Eigenschaften, die auf den verschiedenen Spielpositionen besonders wichtig sind, nahezulegen, werden diese Merkmale noch einmal vom Torwart bis zur Stürmerposition erläutert:

Torwart

Das Torwartspiel unterzog sich im letzten Jahrzehnt einem großen Wandel. Gesicht dieses Wandels ist Manuel Neuer (Torwart beim FC Bayern München) gewesen. Neuer glänzt nicht nur durch die klassischen Fähigkeiten, die ein guter Keeper beherrschen muss, wie z. B. das Abwehren von Schüssen, sondern auch durch sein erstklassiges Spiel mit dem Ball. Die Tage, an denen ein Torwart nur auf seiner Linie „klebt" sind vorbei. Im modernen Fußball ist der Schlussmann der elfte Feldspieler, der am Spielaufbau beteiligt ist und seinen

Mitspielern als weitere Anspielstation dient. Ein modernes Torwartspiel verlangt also ebenfalls einen brauchbaren Umgang mit dem Ball am Fuß.

Die essenziellen Merkmale, die einen intelligenten Torwart auszeichnen, sind vor allem sein Timing und sein Stellungsspiel. Verfügt der Schlussmann über eine starke Strafraumbeherrschung, kommt er zum richtigen Zeitpunkt aus seinem Tor, um z. B. eine Flanke abzufangen. Verschätzt er sich bei einer solchen Aktion (falsches Timing und Stellungsspiel), setzt er seiner Mannschaft der großen Gefahr aus, ein Gegentor zu kassieren. Außerdem muss er den richtigen Zeitpunkt zum Absprung bei Paraden finden. Der Keeper ist wesentlich kleiner als das Tor, das er bewacht, also sind Timing und Stellungsspiel das A und O für ein erfolgreiches Torwartspiel.

Da ein Keeper seine Mannschaft im Aufbauspiel, besonders wenn der Gegner ein hohes Pressing spielt, behilflich sein muss, zeichnet einen guten Schlussmann, richtig einzuschätzen, ob er das Spiel beruhigen oder beschleunigen muss. Fängt er den Ball beispielsweise ab, muss er in kurzer Zeit abwägen, ob er einen schnellen Gegenangriff einleiten, oder ob er das Tempo des Spiels zunächst drosseln möchte. Abschließend lässt sich festhalten, dass ein Torwart im modernen

Fußballgeschehen nicht nur für das Abwehren von Schüssen oder Flanken zuständig ist.

Abwehrspieler

In der Kategorie Abwehrspieler unterteilen wir nun in Außen- und Innenverteidiger, da diese beiden Positionen zwar einige Gemeinsamkeiten, auf der anderen Seite aber auch einige Unterschiede aufweisen, die thematisiert werden sollen.

Innenverteidiger: Moderne Innenverteidiger sind mit die wichtigsten Akteure im Aufbauspiel. Oft überbrücken sie mit langen Bällen mehrere Reihen der gegnerischen Verteidigung, um das Spiel zu beschleunigen. Ein gutes Passspiel und eine gute Übersicht sind also zwingend erforderlich. Konzentriert man sich nun auf die defensiven Hauptaufgaben, hat das richtige Stellungsspiel oberste Priorität. Hauptsächlich dann, wenn der gegnerische Angreifer einen Schnelligkeitsvorteil hat, muss der intelligente Verteidiger in der Lage sein, die nächste Aktion seines Gegenübers zu antizipieren und diese dann mit gutem Zweikampfverhalten zu unterbinden.

Ein starker Innenverteidiger muss also ohne Ball in der Lage sein, seinen Gegenspieler zu lesen, um eine gefährliche Situation zu entschärfen. Doch auch seine technischen Fähigkeiten sind in der modernen

Spielweise gefordert, da eine saubere Spieleröffnung in den meisten Fällen mit den Innenverteidigern steht und fällt.

Außenverteidiger: Ein Merkmal, das einen intelligenten Außenverteidiger auszeichnet, ist wie bereits im Vorlauf kurz angerissen, die richtige Kräfteeinteilung, da es eine äußerst laufintensive Position ist: Es werden Offensive und auch Defensive verlangt. Im Defensivspiel ähneln die Fähigkeiten denen des Innenverteidigers, also sind ein solides Stellungsspiel und eine gewisse Antizipationsfähigkeit unabdingbar. Da es mittlerweile Routine geworden ist, dass die Außenverteidiger meist hochstehen und den Gegner teils schon im Aufbauspiel stören, ist eine offensive Denkweise auf dieser Position sehr hilfreich. Ein Außenverteidiger ist in das Angriffsspiel seiner Mannschaft eingebunden und muss daher kombinationssicher sein. Moderne Außenverteidiger strahlen auch häufig eine gewisse Torgefahr aus.

Mittelfeld: Auf den Mittelfeldpositionen werden wir nun näher auf den 6er, den 8er, den 10er und die Flügelpositionen eingehen.

6er: Der Spieler auf der 6er-Position ist der defensivste Akteur im Mittelfeld einer Mannschaft und führt infolgedessen sehr viele Zweikämpfe im Spiel, da er oft

als Balleroberer eingesetzt wird. Seine zwei Hauptaufgaben sind es, die Abwehrreihe, die sich hinter ihm befindet, zu entlasten und den Ball klug auf dem Spielfeld
zu verteilen. Es lässt sich auf der 6er-Position in zwei
Spielertypen unterscheiden: der technisch versierte
Stil und der robuste Stil. Ersterer ist mehr darauf fo-
kussiert, die Bälle zügig zu verteilen und das Spiel seiner Mannschaft anzukurbeln. Der robuste Spielertyp
wird im Fußballjargon oft als „Brecher" vor der Ab-
wehr bezeichnet, da er eher darauf spezialisiert ist, den
Ball zu erobern. Beide Rollen zählen zu den laufinten-
sivsten auf dem Platz, da sich auch 6er immer wieder
ins Offensivspiel einschalten.

8er: Ein 8er ähnelt dem 6er in sehr vielen Punkten,
da auch diese Position viel Kondition erfordert. Der
entscheidende Unterschied ist, dass ein Spieler auf der
8er-Position deutlich offensiver denkt und sein Aufgabenbereich eher auf dem Angriffsspiel seines Teams
liegt. Allerdings hat auch er defensive Aufgaben zu erfüllen. Im modernen Fußball werden diese Spieler auch
immer wieder „Box to Box"-Spieler genannt, da sie sich
schnell zwischen den beiden Strafräumen bewegen
und daher im Angriff und in der Verteidigung wieder-
zufinden sind. Ein passendes Beispiel hierfür ist Leon
Goretzka, ein Spieler des FC Bayern München, der

bekannt für seine Torgefahr ist, aber auch im defensiven Bereich viele Zweikämpfe führt, um den Ball zu erobern.

10er: Diese Position ist die des klassischen „Spielmachers". Ein klassischer 10er zeichnet sich durch seine Kreativität im Offensivspiel aus: Er kann gegnerische Spieler in 1-gegen-1-Situationen aussteigen lassen und erkennt Räume, in die er den sogenannten „letzten" oder „tödlichen" Pass spielen kann. Dieser Spieler setzt seine Angreifer gekonnt in Szene, um diese in eine gefährliche Abschlussposition zu bringen. In der heutigen Zeit hat die Bedeutung einer typischen 10er-Position allerdings abgenommen. Es gibt immer noch Vereine, die mit diesem Spielertyp agieren, nichtsdestotrotz spielen immer mehr Teams mit zwei 8ern, da diese im Gegensatz zu einem Spielmacher mehr defensive Aufgaben übernehmen. Heutzutage wird von der gesamten Mannschaft auch eine defensive Denkweise gefordert, weshalb 8er besser in dieses Profil passen.

Flügelspieler: Diese Außenbahnspieler fallen hauptsächlich durch ihre Geschwindigkeit mit und ohne Ball und ihre Dribbelstärke auf. Die Aufgabe eines Flügelspielers ist es, seine Stürmer mit Pässen von den Außen in gefährliche Positionen zu bringen oder selbst zum Abschuss zu kommen. Häufig wird mit zwei Spielern auf den Außen und einem Mittelstürmer gespielt. Essenziell ist das Zusammenspiel zwischen dem Flügelspieler und dem Außenverteidiger auf der dementsprechenden Seite, denn diese beiden unterstützen sich im Optimalfall in offensiven und defensiven Aktionen. Sieht sich die Mannschaft großem Druck des Gegners ausgesetzt, ist es die Aufgabe des offensiven Außenspielers, seinen Kollegen auf der Abwehrseite behilflich zu sein.

Stürmer

Kurz und knapp erklärt ist ein Angreifer für die Tore seines Teams verantwortlich. Doch auch auf dieser Position sind wesentlich mehr Eigenschaften erforderlich. So sind moderne Angreifer wie beispielsweise Robert Lewandowski (FC Bayern München) oder Romelu Lukaku (Inter Mailand) in der Lage, als Anspielstation zu dienen und den Ball zu behaupten, bis die eigenen Mitspieler aufgerückt und anspielbereit sind. Voraussetzung sind also nicht nur gute Abschlussqualitäten, sondern auch Übersicht und ein gutes Passspiel. Häufig fallen die Stürmer unter die Bezeichnung „Erster Verteidiger", da sie in einer Pressingsituation die ersten Spieler sind, die den Gegner versuchen, im

Spielaufbau zu stören oder im Idealfall zu unterbinden und den Ball zu erobern.

Zu erkennen ist, dass jede Position ihren eigenen Aufgabenbereich besitzt, der erfüllt werden muss, um ein Spiel erfolgreich zu gestalten. Allerdings gleichen sich einige dieser Bereiche ab, wie z. B. das gemeinsame Defensivverhalten einer Mannschaft. Zwar ist es die Hauptaufgabe der Verteidigung und des Torwarts, gefährliche Situationen zu entschärfen und Gegentore zu verhindern. Doch dies ist nur möglich, wenn die restlichen Mannschaftsteile ihre Kollegen unterstützen. Helfen die Mittelfeldspieler und Stürmer ihren Kollegen nicht, ist es nahezu unmöglich für die defensiven Reihen, die gegnerische Mannschaft vom Tore-Schießen abzuhalten.

Genau dasselbe gilt für das Angriffsspiel. Auch hier muss die Spieleröffnung der Verteidiger und das kreative und technisch saubere Passspiel der Mittelfeldspieler auf den Punkt genau sein, um einen erfolgreichen Spielverlauf zu garantieren. Die Mannschaft muss also unbedingt als Gefüge funktionieren und auch gemeinsam als Team ein intelligentes Spiel aufziehen. Nur, wenn alle Aspekte der jeweiligen Position körperlich, taktisch, technisch und mental umgesetzt werden, kann die Leistung auf Dauer gesteigert und erfolgreich Fußball gespielt werden.

WELCHE BEDEUTUNG NIMMT SPIELINTELLIGENZ IM MODERNEN FUßBALL EIN?

Nachdem nun die Spielintelligenz in Kapitel 1 definiert und in Kapitel 2 erläutert wurde, wie sie sich auf dem Spielfeld äußert, soll nun darauf eingegangen werden, wie groß der Stellenwert ist, den sie im modernen Fußball einnimmt.

Der Fußball hat in seiner über 150 Jahre alten Geschichte phasenweise immer unterschiedliche Schwerpunkte im Training gesetzt. So wurden den Spielern in seinen Anfangszeiten vor allem die technischen Aspekte nähergebracht: Der Hauptfokus lag auf dem richtigen Umgang mit Ball wie z. B. dem Dribbling oder dem Torabschluss. Der Fußballsport steckte noch in seinen Kinderschuhen und hatte mit dem heutigen Profibereich so gut wie keine Gemeinsamkeiten. Da das Niveau dementsprechend gering war, wurde sich in keinerlei Hinsicht Gedanken gemacht, was z. B. die taktische Vorgehensweise angeht. Das Ziel in einem Spiel war selbstverständlich dasselbe wie in der heutigen Zeit: Um das Spielfeld als Sieger zu verlassen, muss man mehr Tore als die gegnerische Mannschaft erzielen. Da der Fußball noch lange nicht ausgeprägt war und in seiner Entwicklung am Anfang stand, konzentrierte man sich lediglich auf den Umgang und das Spiel mit Ball.

Zu Beginn der 60er-Jahre wurde dann mehr und mehr der Kondition ein hoher Stellenwert zugerechnet. In dieser weiteren wichtigen Entwicklungsphase nahm die Bedeutung der körperlichen Fitness enorm zu. Die Qualität des Sports nahm immer mehr zu und durch technischen Fortschritt und neue Trainingsmethoden stieg auch der Anspruch an einen Profi, denn eine gute Technik war nun nicht mehr das einzige ausschlaggebende Kriterium für einen guten Fußballer. Ein Spiel, das 90 Minuten dauert, bedarf auch einer körperlichen Verfassung, die dieser Belastung gewachsen ist. Deshalb wurde zu dieser Zeit das Training vor allem auf die konditionelle Ebene verschoben.

Ab den 80er-Jahren wurde dann den taktischen Elementen eine große Aufmerksamkeit zuteil. Zu dieser Zeit wurde der Fokus auf die verschiedenen möglichen Formationen und weitere taktische Elemente wie z. B. einstudierte Laufwege oder bestimmtes Verhalten bei Standardsituationen verschoben – eine weitere Evolution des Fußballs. Spieler auf hohem Niveau waren technisch und konditionell, durch die bis hierhin erreichten Trainingsstandards gut ausgebildet.

Nun wurden sie im taktischen Bereich gefordert, um das Spiel weiter zu verbessern. Das Spiel wurde mit der Zeit immer anspruchsvoller und präziser. Auch wird der moderne Fußball von Zeit zu Zeit immer schneller, was damit zusammenhängt, dass die Spieler den Ball nach der Annahme wesentlich schneller zu einem Mitspieler weiterleiten. Früher waren die Ballbesitzzeiten eines Spielers, bevor er den nächsten Pass spielte, bedeutend höher.

So kommt es häufig dazu, dass sich die Trainingseinheiten der verschiedenen Vereine untereinander ähneln oder sogar gleich sind. Das führt dazu, dass sich die Mannschaften in taktischer, technischer und körperlicher Hinsicht auf einem Niveau befinden. Durch diese Gegebenheit wird der Spielintelligenz im modernen Fußball eine sehr große Bedeutung zugemessen, da sie oft den entscheidenden Leistungsunterschied zwischen den Spielern ausmachen kann: Wenn zwei gegnerische Teams in taktischer, technischer und physischer Hinsicht gleich stark sind, ist es häufig der Fall, dass die Mannschaft mit den spielintelligenteren Fußballern den Platz als Sieger verlassen wird, weil das Spielniveau durch sie entscheidend angehoben werden kann und so über Sieg oder Niederlage entscheidet. Ein hohes Spielverständnis sorgt dafür, dass die Spieler bessere Entscheidungen treffen und dem Gegner überlegen sind, denn nur, wenn der Spieler mental fit ist, kann er sein gesamtes Potenzial ausschöpfen und auf den Platz bringen.

Daher wird auch in Zukunft der Fokus weiter darauf gelegt werden, die Spieler bestmöglich mental zu fördern, um ihr Spielverständnis zu verbessern, um erfolgreich zu sein. In den nächsten Jahren wird es das Ziel so gut wie jedes Vereines sein, eine Mannschaft mit 11 spielintelligenten Fußballern auf dem Platz stehen zu haben. Nur so kann eine erfolgreiche Zukunft zugesichert werden.

Vergleicht man die grundsätzlichen Bedingungen einer Fußballausbildung vergangener Tage mit der von heute, so fallen signifikante Unterschiede auf. Die Rahmenbedingungen, die ein gut aufgestellter Verein nicht nur seinen Profis, sondern auch den Nachwuchsspielern bieten kann, übertreffen die damals vorherrschenden Verhältnisse um das Vielfache. Angefangen bei den Gegebenheiten, die auf einem Fußballplatz vorhanden sind, bis hin zur professionellen Ernährung oder mentalen Förderung. Spieler, die den Sprung in den professionellen Fußball geschafft haben, kriegen von ihrem Arbeitgeber, also dem Verein, alles geboten, was sie brauchen, um eine gute Leistung auf den Platz zu bringen.

Diese Rahmenbedingungen spielen einen Faktor in der Entwicklung und der zunehmenden Bedeutung der Spielintelligenz im Fußballgeschehen. Dadurch, dass den Spielern ein optimales Umfeld geboten wird, können sie sich noch intensiver auf bevorstehende Partien vorbereiten. Sei dies in körperlicher oder in mentaler Hinsicht.

WARUM SPIELINTELLIGENZ BEREITS IN JUNGEN JAHREN GEFÖRDERT WERDEN SOLLTE

Um aufstrebende junge Spieler optimal zu fördern, ist es wichtig, ihnen bereits früh die Elemente der Spielintelligenz nahezulegen. Hierbei lassen sich Parallelen zur Schulbildung ziehen, in der den Schülern, je älter sie werden und je mehr der Reifeprozess in der Entwicklung eintritt, komplexere Aufgaben gestellt werden, die sie zu lösen haben.

Ein Fehler, der in der Vergangenheit im Fußballtraining häufig gemacht wurde, ist, dass die Einheiten nicht an das Niveau, also die mentalen, technischen und physischen Fähigkeiten, der jungen Spieler angepasst wurden. Es wurden dieselben Methoden wie bei bereits vollständig erwachsenen Spielern angewendet, um die Kinder auszubilden. Das hat zur Folge, dass die Kinder mit den gestellten Aufgaben überfordert sind und somit keinen Mehrwert aus dem Training mitnehmen. Passt man das Niveau an die bestimmten Altersklassen an, ist das zu erreichende Potenzial wesentlich höher.

Der Fußballlehrer Horst Wein hat zu dem Reifeprozess junger Sportler ein Fußballentwicklungsmodell entwickelt, indem er bei der E-Jugend angefangen bis hin zur B-Jugend passende Übungen darlegt, die optimal auf die Altersklassen ausgelegt sind. Um dieses Modell als Jugendtrainer anzuwenden, ist es essenziell, dass die **Kinder** die **vier** wichtigen **Phasen** ihrer **motorischen Entwicklung nach Gallahue (1973)** durchlaufen sind:

1) Reflexe: Diese sind bereits vor der Geburt vorhanden und bilden sich aus, bis das Kind 8 Monate alt ist. Einige Reflexe nehmen mit zunehmendem Alter ab, andere bleiben das gesamte Leben lang vorhanden.

2) Unvollständige Bewegungen: Diese bilden sich zwischen dem ersten und zweiten Lebensjahr aus. Das Kind ist in der Lage, grobmotorische Aktionen und Bewegungen auszuführen.

3) Grundlegende Bewegungen: Werden zwischen dem zweiten und sechsten Lebensjahr ausgeprägt. Das Kind lernt erste Züge der Feinmotorik.

4) Spezifische und kontrollierte Bewegungen: ab dem sechsten Lebensjahr. Kinder verknüpfen mehrere Bewegungen miteinander und sind in der Lage, auch sportliche Aktionen auszuführen.

Hat das Kind diese Phasen durchlaufen, ist es dazu imstande, mithilfe des Fußballentwicklungsmodells einen Mehrwert aus den Trainingseinheiten zu erhalten. Es ist wichtig, dass den aufstrebenden jungen Sportlern von klein auf die Option offengelegt wird, den Fußballsport zu verstehen, damit sie bereits in jungen Jahren ein gutes Verständnis für die verschiedenen Aspekte erlangen, die dann mit zunehmendem Alter immer komplexer werden.

So sollten auch im Training die Einheiten je nach Jahrgang angepasst und dementsprechend anspruchsvoll gestaltet werden, denn auch das Näherbringen des Spielverständnisses kommt einem pädagogischen Prozess gleich, indem die Kinder im Training vor Aufgaben gestellt werden, bei denen sie selbst in der Lage sind, diese zu lösen. Essenziell bei diesem Vorgang ist, dass die jungen Fußballer stimuliert werden, um ihre

eigenen Erfahrungen im Bereich Taktik und Spielverständnis zu sammeln, denn mit vielen spielnahen Situationen im Training sind die Nachwuchskicker in der
Lage, durch simples Probieren Erfahrungen zu sammeln, um ihr erlerntes Wissen zu vertiefen. Je mehr Erfahrungen und Eindrücke über die Jahre im Jugendbereich gesammelt werden können, desto höher ist die
Wahrscheinlichkeit, dass am Ende der Entwicklung ein
intelligenter Fußballspieler geformt wurde.

Spielintelligenz in der Praxis

Während Ihnen im ersten Teil des Buches die theoretischen Grundlagen und Aspekte der Spielintelligenz erläutert und nähergebracht wurden, werden im zweiten Teil nun praktische Elemente zugrunde gelegt, die Sie im Training anwenden können, um die Spielweise Ihrer Mannschaft und der einzelnen Individuen zu verbessern. Zunächst wird allerdings die Rolle besprochen, die der Trainer in der Entwicklung seiner Spieler innehat. Außerdem soll erörtert werden, welche häufigen Fehler im Training im Umgang mit den Spielern gemacht werden und wie diese vermieden werden können.

DIE ROLLE DES TRAINERS UND DIE KOMMUNIKATION ZU SEINEN SPIELERN

Mit dem Trainer steht und fällt der Erfolg einer Fußballmannschaft: Wenn sein Team erfolgreich ist, ist der Trainer der gefeierte Mann und der Erfolg wird an ihm festgemacht. Befindet sich die Mannschaft in einer Krise, ist der Schuldige häufig schnell gefunden und der Übungsleiter sieht sich scharfer Kritik ausgesetzt und muss in vielen Fällen seinen Posten räumen. Zumindest im Profifußball ist der Beruf des Trainers ein schnelllebiger, der vom einen auf den anderen Tag in Gefahr sein kann.

Umso wichtiger ist es im Fußball der Gegenwart, dass man als Trainer in den Übungseinheiten die richtigen Aspekte trainiert und seinen Spielern, egal in welchem Alter sie sind, die korrekten Dinge vermittelt. Hierbei spielt die Art und Weise, wie man mit seiner Mannschaft umgeht, eine signifikante Rolle, vor allem, wenn es um das Näherbringen und Vermitteln von Spielintelligenz geht, denn im Gegensatz zum Training

der vergangenen Tage hat sich die optimale Herangehensweise deutlich verändert. Betrachtet man nun speziell das Training einer Jugendmannschaft, sind die
Tage, in denen ein Übungsleiter als autoritärer Be-
fehlsgeber auftritt, der den Spie-lern jede Aktion durch
Kommandos vorgibt, vorbei. Während die Trainer in
den vergangenen Tagen ihre Spieler hauptsächlich in-
struiert haben, ist es heute üblich, durch gezieltes Sti-
mulieren die angestrebten Trainingsziele zu erreichen.
Um den Unterschied nachvollziehen zu können, werden die beiden Begriffe im Folgenden kurz erläutert:

Instruktive Trainingsmethode: Bei dieser Variante
gibt der Trainer seinen Spielern konkrete Anweisun-
gen und gibt ihnen exakt vor, wie sie die nächste
Übungsform auszuführen haben. Wenn ein Spieler von
den Vorgaben des Trainers abweicht, wird er darauf
hingewiesen und vom Übungsleiter aufgefordert, die
Ausführung an die Vorstellung seines Coaches anzu-
passen.

Stimulierende Trainingsmethode: Die stimulie-rende Herangehensweise, die im modernen Fußball-training immer häufiger vorzufinden ist, gibt dem Spieler einen freien Handlungsspielraum in der Übungseinheit. Sie soll dazu anregen, dass beim Fuß-baller durch Ausprobieren (Experimentieren) Reize ge-setzt werden und er so durch Erfahrungswerte mit der Zeit die richtige Entscheidung trifft. Der Spieler führt also nicht nur simple Befehle aus, sondern kann der Übung durch mehrere Versuche seinen Stempel auf-drücken und erhöht somit seinen Lerneffekt, den er aus dem Training mitnimmt. Bei dieser Methode wer-den im Training häufig spielnahe Situationen simu-liert.

Durch gezielte Stimulation wird der Spieler also dazu veranlasst, aktiv mitzudenken und so seine mentale Fitness unter Beweis zu stellen und zu trainieren. Mit-hilfe dieser Methode wird die essenzielle Verknüpfung der mentalen, physischen und technischen Fähigkeiten trainiert, wohingegen das stumpfe Ausführen von An-weisungen den Spieler mental so gut wie gar nicht for-dert, da er sich lediglich die Abfolge der Aktionen ein-prägen muss und keine freie Entscheidung trifft, was er in der nächsten Situation macht. So wird die

Spielintelligenz komplett isoliert und kann dementsprechend nicht weiterentwickelt werden.

Daher ist es wichtig, viele Übungsformen mit spielnahen Elementen in das Training einzubauen, damit die Spieler möglichst häufig in eine Art Spielsimulation versetzt werden. Im Spiel ist es dem Trainer nicht möglich, seiner Mannschaft exakte Vorgaben in jeder Situation zu geben, da er nicht vorausahnen kann, wie die gegnerische Mannschaft reagieren wird. Ist seine Mannschaft dann an eine instruktive Trainingsmethode gewöhnt, können ungewohnte oder komplett neue Spielsituationen schnell zu Überforderung führen, da die Spieler nicht gelernt haben, Entscheidungen abzuwägen und die richtige zu treffen.

Auch wenn die gezielte Stimulation eine erfolgreichere Trainingswahl als die instruktive Variante ist, sollte hierbei nicht in den Hintergrund geraten, dass ein erfolgreicher Trainer trotz allem einen gewissen Grad an Autorität an den Tag legen sollte. Auch wenn das Team zu ihm aufschauen sollte, ist ein Übungsleiter eine Respektsperson, bei der die letzte Entscheidungsgewalt liegt. Der Trainer muss in der Lage sein, sich gegenüber seinen Spielern und seine Entscheidungen durchzusetzen. Hierbei ist das richtige Gespür im

Umgang mit verschiedenen Charakteren von Menschen gefragt.

Er sollte in der Lage sein, mit einfachen sowie schwierigen Persönlichkeiten umzugehen und sie in die richtige Richtung zu treiben. Vor Spielen ist es die Aufgabe eines jeden Trainers, sein Team mit den korrekten Worten und im richtigen Maß zu motivieren. Strahlt ein Trainer wenig bis keine Begeisterung aus, wirkt sich das negativ auf seine Spieler aus, da sie sich an ihm orientieren und seine Ausstrahlung teils übernehmen.

Übermotiviert er seine Mannschaft wiederum vor einem Spiel, kann dies ebenfalls negative Einflüsse auf den Verlauf ausüben, da die Spieler so evtl. ihre Fähigkeiten überschätzen und/oder durch zu hartes Einsteigen unnötige Fouls provozieren. Also ist es auch in diesem Bereich eine schmale Gratwanderung, in der ein erfolgreicher Trainer die richtigen Impulse setzen muss. In Pflichtspielen oder Turnieren ist das Auftreten des Trainers von besonders großer Bedeutung, da große Teile der Mannschaft besonders in jungen Jahren durch wenig Erfahrung mit Nervosität zu kämpfen haben. In solchen Situationen ist ein selbstbewusstes, reserviertes, aber dennoch im richtigen Maße motiviertes Auftreten gefragt.

Weil ein Fußballtrainer nicht nur für einzelne Sportler, sondern für eine gesamte Mannschaft verantwortlich ist, muss er dafür sorgen, dass er seinen Spielern bestimmte Werte vorlebt: So ist es in einem funktionierenden Team besonders vonnöten, dass die Spieler eine Einheit formen und Zusammenhalt verkörpern. Gift für eine erfolgreiche Fußballmannschaft ist es, wenn sich Grüppchen bilden, weil sich einige Spieler untereinander nicht verstehen. Um eine solche Dynamik zu verhindern, muss der Trainer klarstellen, wie wichtig der Zusammenhalt innerhalb der Mannschaft ist. Außerdem darf er innerhalb des Teams keinen Spieler bevorzugen, sondern muss jedes Individuum gleichbehandeln.

Trotz der Verantwortung für das gesamte Team muss der Übungsleiter die Stärken und Schwächen jedes einzelnen Spielers präsent haben. Hierdurch kann eine effiziente Steigerung der gesamten Fähigkeiten aller Spieler gewährleistet werden. Spezialisiert sich der Coach nur auf die Förderung von einzelnen Akteuren, können diese zwar vielleicht ihr Fußballkönnen verbessern, allerdings kommt der Rest der Mannschaft zu kurz. Das Ziel muss es sein, nach Möglichkeit das gesamte Kollektiv in seinem fußballerischen Können zu verstärken.

Im Sinne des Sports sollte ein Trainer seiner Mannschaft die richtigen Verhaltensweisen auf dem Platz nahelegen. Besonders junge Spieler übernehmen Verhaltensweisen, die ihnen erwachsene Personen vorleben, ob diese nun positiv oder negativ sind. Folglich verhalten sich die Spieler auf dem Platz so, wie es ihnen ihr Übungsleiter an der Seitenlinie vorlebt.

Des Weiteren weiß ein Trainer mit einem guten Gespür, wie er Siege und Niederlagen einzuschätzen und zu bewerten hat. Er muss das Spiel analysieren können, um seinen Spielern aufzuzeigen, was sie falsch und was sie richtig umgesetzt haben. Auch muss er eine gewisse Geduld an den Tag legen, da vor allem junge Spieler oft längere Zeit benötigen, um Abläufe oder auch Fehler, die sie begangen haben, richtig einzuordnen und zu verstehen.

Ein Übungsleiter, der im Nachwuchsfußball tätig ist, muss dazu fähig sein, seine eigenen Ansprüche gegebenenfalls zurückschrauben zu können. Er sollte sich nicht in den Mittelpunkt stellen, sondern die Aufmerksamkeit auf seine jungen Spieler lenken, denn in erster Linie geht es im Jugendbereich darum, das die Kinder Spaß an der Sportart Fußball haben oder entwickeln.

Es ist nicht hilfreich, den Spielern eine zu hohe Erwartungshaltung aufzubürden, die dann nicht zu erfüllen ist. Ist man der Coach einer Nachwuchsmannschaft, sollte es darum gehen, Spaß an der sportlichen Arbeit und Weiterentwicklung mit Heranwachsenden zu haben. Vor allem in sehr jungen Jahrgängen sollte zwar natürlich versucht werden, möglichst erfolgreich zu arbeiten, aber es ist noch wichtiger, den Kindern nicht den Spaß am Fußball oder am Sport generell zu nehmen.

Zu beachten ist, dass die Voraussetzung für eine erfolgreiche, stimulierende Trainingsmethode ein gutes Fußballfachwissen beim Trainer ist, denn ein Trainer kann seinen Spielern nur das Wissen vermitteln, was er selbst besitzt und einwandfrei beherrscht. Stößt sein Wissen zu einem gewissen Zeitpunkt an seine Grenzen, kann er seiner Mannschaft nichts mehr ohne gefährliches Halbwissen beibringen. Um diesem Problem vorzubeugen, muss ein Trainer sein Fachwissen auffrischen oder erweitern, um seine Spieler weiterentwickeln zu können. Eine Möglichkeit ist hier z. B. der Besuch von Trainerlehrgängen.

Ein weiterer nennenswerter Aspekt eines guten Coachings ist das organisierte Vorgehen im Training, damit man die Spieler nicht überfordert und die Übungen an die gewissen Altersjahrgänge anpasst. Wenn die Übungen zu anspruchsvoll sind, ist die

Frustrationsgrenze zügig erreicht und die Spieler nehmen keine Kenntnisse aus dem Training mit nach Hause.

Genauso darf das Training nicht zu anspruchslos sein. Dies kann dazu führen, dass die Mannschaft im Spiel große Probleme in scheinbar einfachen Situationen bekommt, da sie unter ihren Möglichkeiten ausgebildet wurde und die Gegner ein höheres Niveau durch besseres Training erreicht haben. Also ist es von hoher Bedeutung, die Spieler an ihrem mentalen Limit auszubilden, allerdings nicht über diese hinauszuschießen. Der Trainer kann seine Spieler, wenn diese vor einem Problem stehen, dass sich als schwierig erweist, durch Hinweise oder auch Fragestellungen zum gewünschten Ziel führen. Er fungiert hier als eine Art Lehrer, der seinem Schüler durch bestimmte Hilfsstellungen zur Lösung der Aufgabe verhilft, ohne ihm diese vorzugeben. Somit sind die richtige Art und Weise der Kommunikation zwischen Trainer und seinen Spielern von hoher Wichtigkeit.

Wenn Sie in einer Trainingseinheit speziell an der Spielintelligenz Ihres Teams arbeiten möchten, müssen Sie den aktuellen mentalen Zustand der Spieler im Auge behalten. Hatte beispielsweise ein Spieler einen Tag, an dem sein Gehirn bereits viel beansprucht wurde (z. B. durch eine Prüfung in der Schule), hat er im Training nun weniger Ressourcen zur Verfügung, um sich auf eine komplexe Übung zu konzentrieren, bei denen die Entscheidungsgewalt bei ihm liegt. Also müssen auch immer der aktuelle mentale sowie körperliche Zustand der Spieler berücksichtigt werden.

Ein Trainer muss also in sämtlichen Bereichen seiner Mannschaft und deren einzelnen Individuen zur Seite stehen und ihnen als Ansprechpartner dienen. Er muss das richtige Verhältnis zwischen Autorität und Freundschaft zu seinen Spielern finden. Besonders im Jugendbereich verkörpert ein Trainer eine Vorbildfunktion gegenüber seinen Spielern. Obwohl er kein Lehrer oder Erzieher ist, lebt er seinen Spielern Verhaltensweisen vor, die diese dann teilweise übernehmen. Natürlich entscheidet sich jeder Übungsleiter für einen anderen Trainingsstil. Manch einer kommt mit mehr Autorität besser zurecht, während der andere eher ein freundschaftliches Verhältnis zu seinen Spielern pflegt.

Wie bereits zu Beginn dieses Kapitels geschildert, hängt eine gute Arbeit des Trainers maßgeblich mit dem Gesamterfolg seiner Mannschaft zusammen. Er muss nicht nur ein gutes Fußballverständnis an den Tag legen, sondern auch auf der zwischenmenschlichen Ebene ein Gespür für seine Spieler und deren Umfeld haben.

EFFEKTIVE WEGE UND ÜBUNGEN, UM DIE SPIELINTELLIGENZ ZU TRAINIEREN UND ZU FÖRDERN

Im letzten Kapitel des Buches sollen, nachdem vor allem das theoretische Wissen über die Spielintelligenz vermittelt worden ist, nun Übungseinheiten erläutert werden, die im Training umgesetzt werden können, um dem Leser auch einen praktischen Mehrwert mit auf den Weg zu geben. Im Folgenden werden zunächst Trainingsmethoden vorgestellt, die hauptsächlich im Kinder- und Jugendalter Anwendung finden. Diese sind vom Aufbau an die mentale Aufnahmefähigkeit der jungen Fußballer angepasst. Im zweiten Teil des Kapitels werden dann auch Übungen behandelt und erläutert, die im Erwachsenenbereich durchgeführt werden.

Horst Wein hat in der Jugendarbeit einen großen Einfluss auf die Förderung der Spielintelligenz hinterlassen, sodass auch der DFB (Deutscher Fußballbund) Übungen aus seinem Konzept (**FUNino**) übernommen

hat und dieses Vereinen empfiehlt, in deren Trainings-
programm zu integrieren, um die richtige Entscheidungsfindung und das Spielverständnis auszubilden.

Die Rahmenbedingungen einer jeden **FUNino**-
Einheit sind dieselben: Es wird ein Fußballfeld mit den
Maßen 32 × 25 Metern abgesteckt, an dessen Enden je
zwei Mini-Tore platziert werden. 6 Meter vor den
Toren wird eine Linie gezogen, die überspielt werden
muss, bevor man zum Schuss ansetzen darf, um ein Tor
zu erzielen. In jeder Einheit treten zwei 3er-Mann-
schaften gegeneinander an. Die Teams können innerhalb verschiedener Übungen wechseln.

Vier Beispiele werden nun vorgestellt und erläutert:

Übung 1: Schnelles Umschalten nach Torerfolg

Ablauf: Es werden an beiden Seiten des Feldes 3
Bälle platziert und ein 3 × 3 ohne Abseits gespielt. Jede
Mannschaft besitzt zwei Tore, die verteidigt werden
müssen, während der Ball in einem der beiden gegnerischen untergebracht werden muss. Um das Spiel
nach einem Tor schnellstmöglich fortzusetzen, wird
dem Team, gegen das der Treffer erzielt wurde, zügig
ein Ball von der Seite zugespielt, um sofort einen Gegenangriff einzuläuten. Dadurch muss die Mannschaft,

die sich gerade noch im Angriff befand, zügig in die verteidigende Position wechseln.

Ziel: Durch die sofortige Spielfortsetzung, können die Teams nach einem Torerfolg nicht abschalten, sondern müssen ihre Konzentration sofort auf das Defensivverhalten lenken. Somit wird in dieser Einheit das schnelle Umschaltspiel in der Offensive sowie der Defensive gefördert. Die Spieler lernen außerdem, wie wichtig es ist, im Fußball mental auf der Höhe zu sein, da ständig neue Situationen entstehen können.

Übung 2: Leo Messi

Ablauf: Bei dieser Übung müssen 9 Bälle in die Mitte des Spielfeldes gelegt werden. Die drei Verteidiger stellen sich mit 5 Metern Abstand um die Bälle herum auf. Das angreifende Team wartet an der Seite des Feldes. Die Angreifer laufen nun einzeln auf die platzierten Bälle zu, entscheiden sich für einen und versuchen, den Ball in einem der 4 Toren unterzubringen. Die Abwehrspieler versuchen, das Gegentor zu verhindern, sobald der Angreifer den Ball berührt. Jeder Stürmer hat 3 Versuche, bevor die Rollen der beiden Teams wechseln.

Lerneffekt: Die Reaktionsgeschwindigkeit und die Entscheidungsfindung des Angreifers werden in dieser Übung gezielt trainiert und idealerweise verbessert. Er muss in kurzer Zeit abwägen, für welchen Ball er sich entscheidet und in welches der vier Tore er treffen möchte. Außerdem kann der Spieler an seiner Ballbehandlung und seinem Dribbling arbeiten. Die Verteidiger haben in dieser Einheit eine deutliche Überzahl und haben eine wesentlich höhere Chance, den Stürmer vom Ball zu trennen, als ein Tor zu kassieren. Das Stellungsspiel und das defensive Zusammenspiel werden hier gefördert: Verfügen die Spieler bereits über eine gewisse Spielintelligenz, werden sie in der Lage sein, den Stürmer durch die simple Überzahl vom Ball zu trennen.

Übung 3: Wechselnde Überzahl

Ablauf: Die jungen Fußballer versuchen in dieser Trainingseinheit wie bereits in der ersten Übung „Schnelles Umschalten nach Torerfolg", den Ball in einem der gegnerischen Mini-Tore unterzubringen. Gelingt das einem der beiden 3er-Teams, verliert das andere Team einen Spieler und muss fortan in Unterzahl weiterspielen. Ist die Mannschaft, die nun einen Mann mehr auf dem Feld hat, in der Lage, ein weiteres Tor zu erzielen, muss nun ein Spieler dieses Teams das Feld verlassen. Der Spieler, der das Feld beim ersten

Gegentor verlassen hat, darf nun wieder am Spiel teilnehmen. Macht die Mannschaft, die sich in Unterzahl befindet, ein Tor, spielt sie weiterhin mit einem Mann weniger. Die Mannschaft, die es in Unterzahl schafft, zwei Tore zu erzielen, gewinnt das Spiel.

Lerneffekt: In einem Fußballspiel kommt es häufig und in kurzen Abständen zu wechselnden Überzahlsituationen. Diese können positiv (Überzahl für das eigene Team) und negativ (Unterzahl für das eigene Team) sein. In beiden Fällen ist es wichtig zu wissen, wie man sich in diesen Situationen verhält. Spielt man eine Überzahlsituation klug aus, ist es für die gegnerischen Spieler schwierig bis nahezu unmöglich, den Ball zu gewinnen oder ein Tor zu verteidigen. Finden die Spieler also schnelle und sinnvolle Wege (Entscheidungsfindung), um die Überzahl effektiv auszuspielen, ist ein Torerfolg kaum zu verhindern. Die zahlenmäßig unterlegenen Spieler müssen ihre Kräfte bestmöglich einteilen und unnötige Laufwege vermeiden. Befinden sie sich im Angriff, ist ein gutes Dribbling und eine gute Ballbehandlung vonnöten, da jeder Ballverlust in Unterzahl fatale Folgen haben kann.

Übung 4: Diagonale Tore

Ablauf: Wie in den Übungen zuvor spielen die Kinder ein 3 gegen 3. Beide Teams verteidigen und greifen zwei diagonal gelegene Tore auf dem Spielfeld an. Die Tore werden durch Markierungen gekennzeichnet, damit die Spieler die richtigen Tore bespielen. Um den Anspruch dieser Einheit zu erhöhen, werden die Markierungen an den Toren mit der Zeit getauscht: Die Trainierenden müssen sich umstellen und andere Tore bespielen.

Lerneffekt: Auch in dieser Einheit wird ein hohes Maß an Konzentration der Spieler gefordert, da sie die Wechsel der Tore immer im Blick haben müssen. Es kann also auch mit dieser Übung die mentale Fitness der Kinder gezielt trainiert werden.

Die genannten Übungseinheiten sollen gezielt die Verknüpfung der mentalen, physischen, technischen und taktischen Fähigkeiten fördern, um den Kindern bereits in jungen Jahren ein gewisses Maß an Spielintelligenz vermitteln zu können. Durch mehrfaches Wiederholen dieser Übungen können die Nachwuchskicker durch Experimentieren die bestmögliche Option ihrer nächsten Aktion herausfiltern und verbessern so mit der Zeit ihre fußballerischen Anlagen.

Je nach Aufgabe, die jeder einzelne Spieler zu erfüllen hat, werden entweder die Fähigkeiten mit oder ohne Ball trainiert. Mit dieser Methode erlernen die jungen Sportler fußballspezifisches Wissen, dass auf verschiedenen Positionen auf dem Spielfeld benötigt wird. Da es sich um wettkampfähnliche Spielsimulationen handelt, haben die Kinder genug Handlungsspielraum, um eigene Entscheidungen zu treffen, und führen nicht nur Kommandos des Trainers auf Abruf aus (Stimulation statt Instruktion).

Wird auch nach mehreren Versuchen keine Lösung gefunden, um die gestellte Aufgabe zu erfüllen, liegt es in der Hand des Coaches, seinen Spielern gezielte Hinweise (z. B. in Form von Fragen) zu geben, damit sie nach Möglichkeit selbst die Lösung des Problems erkennen und dann in verbesserter Form ausführen. Wichtig dabei ist, die Motivation aufrechtzuerhalten, um schnell eintretende Frustration zu vermeiden. Ist das nicht der Fall, wird der Kopf schnell ausgeschaltet und die Einheiten können ihren Zweck nicht erfüllen, denn das Ziel soll es sein, in Zukunft so viele intelligente Spieler wie möglich auf dem Feld zu haben und umso früher das Training in diese Richtung ausgelegt wird, umso höher ist die Wahrscheinlichkeit, dass dieser Fall eintritt.

Das gesamte Konzept von Horst Wein beinhaltet über 30 verschiedene Übungseinheiten. Jede einzelne vorzustellen und zu erläutern, würde allerdings den Rahmen sprengen, weshalb die vier oben behandelten Übungsformen als Beispiele und Anregungen angeführt wurden. Wenn Sie Interesse an weiteren, Spielintelligenzfördernden Übungen haben, ist der gesamte Ratgeber „Spielintelligenz im Fußball: kindgemäß trainieren" von Horst Wein wärmstens zu empfehlen.

Wie bereits zu Beginn dieses Kapitels angemerkt, befassen wir uns nun mit Trainingsmöglichkeiten, die komplexer und fordernder sind als das **FUNino**-Konzept und aus diesem Grund für Erwachsene Fußballer geeignet sind. Hierbei werden wir uns mit dem **Reswitch**-Prinzip beschäftigen, mit dessen Hilfe auch Bundesligavereine wie bspw. Bayer Leverkusen oder 1899 Hoffenheim arbeiten.

Die Gründer von **Reswitch** haben es sich zur Aufgabe gemacht, die Wahrnehmung und die Handlungsschnelligkeit von Fußballspielern zu trainieren und kontinuierlich zu verbessern. Hierfür wurden spezielle Trainingsleibchen und Tormarkierungen ausgearbeitet, die die genannten Eigenschaften gezielt fördern sollen:

Jedes Leibchen und jede Tormarkierung ist durch eine Farbe (rot oder weiß), ein Symbol (Kreis oder Raute), eine Zahl (1 oder 2) und einen Buchstaben (A oder B) gekennzeichnet. Maximal kann eine Spielsituation von 9 gegen 9 Spielern simuliert und durchgeführt werden. Um das Ganze vereinfacht erklären zu können, gehen wir im Folgenden von einer 3-gegen-3-Konstellation aus, bei der es das Ziel ist, mehr Tore als die gegnerische Mannschaft zu erzielen. Der Trainer teilt die Spieler zunächst in zwei Teams ein. Zu Beginn sind alle Spieler, deren Leibchen dieselbe Farbe haben, in einer Mannschaft. Die Einheit beginnt also mit Team Rot gegen Team Weiß. Man lässt die beiden Teams nun eine gewisse Zeit in dieser Zusammenstellung gegeneinander spielen. Gibt der Coach dann z. B. das Kommando „Switch Zahl", wechseln die Mannschaften untereinander so, dass alle Spieler mit der Zahl 1 auf dem Leibchen gegen die Spieler mit der Zahl 2 antreten.

Da auch je ein Tor mit der Zahl 1 bzw. 2 gekennzeichnet ist, müssen die Spieler zusätzlich noch erkennen, welches nun das gegnerische Tor ist. Ruft der Trainer als Nächstes „Switch Symbol", müssen sich die Spieler ein weiteres Mal in eine neue Teamkonstellation begeben. Dasselbe geschieht auch, wenn der

Zwischenruf „Switch Buchstabe" ertönt. Umso öfter die Teams durch Zwischenrufe gewechselt werden, desto anspruchsvoller wird die Einheit, da die Konzentration dauerhaft aufrechterhalten werden muss. Es muss sich nicht nur neu orientiert werden, was die Mitspieler angeht, sondern auch in welche Richtung des Feldes nun gespielt wird. Häufiges Durchführen dieser Art von Übungen verlangt den Spielern viel Fokus ab, führt aber durch hohe Wiederholungszahl genau wie das FUNino-Konzept zu einer immer besser werdenden Spielintelligenz.

Bevor man mit den Trainingseinheiten mithilfe von Reswitch beginnt, sollte man mit den Spielern zunächst die Bedeutung der Leibchen und der entsprechenden Symbole besprechen, damit von Anfang an Klarheit darüber herrscht, wie der Ablauf einer solchen Übungseinheit aussieht. Das Verständnis, die einzelnen Zeichen zu verstehen, ist essenziell. Bereits hier kann der Trainer seinen Akteuren durch die bereits behandelte stimulierende Herangehensweise behilflich sein, indem er Fragen über die zu sehenden Symbole auf den Leibchen stellt wie z. B. Welche Zeichen zu sehen sind, inwiefern sich die Leibchen im Optischen unterscheiden und was die verschiedenen Symbole zu

bedeuten haben könnten. So werden sie mental ange-
regt, über die anstehende Übungseinheit nachzuden-
ken.

In der Erläuterung der **Reswitch-Methode**
wurde bereits als Beispiel ein Gleichzahlspiel von 3 gegen 3 verwendet, doch auch in dieser Trainingsvari-
ante gibt es viele Übungsvariationen, die man im Training durchführen kann, um einzelne Spieler und das
gesamte Mannschaftsgefüge zu fördern. Auf zwei weitere mögliche Optionen wird nun noch einmal genauer
eingegangen:

Übung 1: Überzahl-Unterzahlspiele

Ablauf: Zu Beginn der Übung sind zunächst wieder alle Spieler mit dem gleichfarbigen Leibchen in einem Team. Da aber ein Überzahl- bzw. Unterzahlspiel
geschaffen werden soll, tragen nun zwei Spieler ein rotes und 4 Spieler ein weißes Leibchen. Gibt der Coach
nun z. B. die Aufforderung „Switch Symbol" wechseln
die Spieler genau wie in einem Gleichzahlspiel die
Teams. Nach Möglichkeit werden die Konstellationen
so durch gewechselt, dass sich die Spieler immer ab-
wechselnd in Über- und Unterzahl wiederfinden. Je höher das Niveau der zu Trainierenden ist, desto häufiger
kann die Zusammensetzung der Mannschaft verändert
werden.

Lerneffekt: Die Aufmerksamkeitsspanne der Spieler wird mit dieser Übung gefordert und durch mehrmaliges praktisches Ausführen effektiv gesteigert. Durch die vielen Wechsel werden die Koordination und die Handlungsfähigkeit auf den Prüfstand gestellt. Vollzieht man die Übung zusätzlich mit einer hohen Intensität, kann ebenfalls die körperliche Belastbarkeit der Spieler trainiert werden. Da es sich um eine Einheit mit Ball handelt, in der es das Ziel ist, spielerisch Tore zu erarbeiten, wird auch der technische Aspekt des Fußballspielens im Training ausgebildet. Diese Übungseinheit umfasst also so gut wie alle Komponenten, die ein erfolgreicher Fußballer beherrschen sollte. Durch die mentale Anstrengung werden die körperlichen Attribute miteinander verknüpft und auf Dauer sauberer und schneller umgesetzt. Da es im Wettkampf oft zu Überzahl- oder Unterzahlsituationen kommt, eignet sich diese spielnahe Simulation in nahezu jeder Spielklasse in der Spielvorbereitung.

Übung 2: Spiel mit Neutralen

Ablauf: Die Spieler werden erneut in Teams eingeteilt und begeben sich in einem abgegrenzten Spielfeld. In dieser Übung gibt es keine Tore, da es darum geht, den Ball möglichst lange innerhalb des abgesteckten Feldes in den eigenen Reihen zu halten. Die Besonderheit dieser Einheit ist, dass sich nun auch neutrale Spieler (ohne Leibchen) auf dem Feld befinden (meist 2 oder 3), die keinem der beiden Teams angehören. Die neutralen Spieler gehören immer dem Team an, das gerade im Besitz des Balles ist. Wechselt der Ball die Mannschaft, wechseln auch die neutralen Spieler ihre Zugehörigkeit. Die Spieler ohne Leibchen müssen also zwingend darauf achten, von welchem Team sie den Ball erhalten haben, damit ihnen kein Fehlpass unterläuft. Auch diese Übung kann durch „Switch" Zwischenrufe des Trainers erschwert werden: Es müssen dann nicht nur die Spieler mit Leibchen die neue Konstellation im Blick haben, sondern auch die neutralen, um weiterhin korrekte Pässe spielen zu können.

Lerneffekt: Vor allem das Passspiel wird mit der regelmäßigen Durchführung dieser Einheit verbessert. Es bietet sich an, die Rollen der neutralen Spieler denjenigen aus der Mannschaft zu geben, die auch während des Spiels häufig am Ball sind und diesen verteilen. Besonders zentrale Mittelfeldspieler, ob 6er (defensiv ausgerichtet) oder 8er (offensiv ausgerichtet), sollten in diese Position versetzt werden, da es ihre Übersicht, Handlungsschnelligkeit und Konzentration trainiert und ein sauberes direktes Passspiel fördert, was besonders auf diesen Positionen essenziell ist.

Doch auch die Spieler, die ein Leibchen tragen, müssen die Einheit mit voller Konzentration angehen, da es auf dem kleinen Feld enorm wichtig ist, freie Räume zu erkennen und die richtigen Laufwege und Pässe in diese zu vollziehen. Das Spiel mit neutralen Spielern fordert also auch komplette Fokussierung auf der körperlichen und mentalen Ebene.

Mithilfe der Reswitch-Trainingsmethode können nicht nur spielnahe Einheiten, sondern auch Übungsformen und Einzeltraining praktiziert werden. Durch die verschiedenen Markierungen auf den Leibchen können auch Einheiten, wie z. B. das Dribbling mit anschließendem Torabschluss, trainiert werden. Der Trainer kann die Übung jederzeit mit einem „Switch"-Zwischenruf beliebig variieren und so auch bei simplen Übungsformen den Anspruch an seine Spieler erhöhen. Folgendes Beispiel, um einen solchen Übungsablauf zu verdeutlichen:

Ziel der Einheit ist es, das Dribbling mit anschließendem präzisem Abschuss zu trainieren. In einem gewissen Abstand vor dem Tor stehen zwei Abwehrspieler in einem begrenzten Feld. Einer trägt ein weißes (1,

A, Raute), einer ein rotes Leibchen (2, B, Kreis). Die Zahlen, Buchstaben und Symbole unterscheiden sich, um häufig variieren zu können. Hinter den verteidigenden Spielern stehen zwei kleine Tore, die ebenfalls durch Markierungen mit den entsprechenden Farben etc. ausgestattet sind. Der Trainer gibt den angreifenden Spielern nun die Anweisung, gegen welchen Abwehrspieler er in ein 1-gegen-1-Duell gehen soll (z. B. „Switch Raute"), um danach im Idealfall in eins der beiden Tore zu treffen. In einer solchen Einheit muss der Spieler, obwohl er den groben Ablauf kennt, dennoch wachsam sein, da er je nach Anweisung gegen einen anderen Verteidiger dribbeln muss. Außerdem muss er, falls der Gegner erfolgreich überwunden wurde, das richtige Tor anvisieren, da auch hier die verschiedenen Symbole nach einem „Switch"-Kommando wechseln.

Auch ein individuelles Training liegt mithilfe dieser Methode im möglichen Bereich. Durch Hütchen mit entsprechenden Farben und Symbolen kann beispielsweise eine enge Ballführung optimiert werden. Auch bei einer solchen Übung ist es das gleiche Prinzip: Der Trainer gibt dem Spieler vor, auf welche Hütchen er mit dem Ball zulaufen soll, und kann die Einheit so immer wieder verändern.

Somit ist es mit Reswitch möglich, in nahezu jeder Übungsform an der mentalen Stärke der Fußballspieler zu arbeiten. Also ist eine fußballerische Ausbildung in allen Bereichen gewährleistet. Die Spieler müssen in nahezu jeder Einheit ihre kognitive Aufnahmefähigkeit unter Beweis stellen.

Nachdem nun einige Übungsbeispiele sowohl für den Jugendbereich als auch für Erwachsene dargelegt wurden, lässt sich zusammenfassend festhalten, dass es im modernen Fußballtraining besonders darauf ankommt, die mentale Entscheidungsfindung mit den körperlichen und technischen Fähigkeiten in Einklang zu bringen.

Die Trainingsmethoden finden nur durch kontinuierliche Wiederholungszahl Anklang und helfen den Spielern durch eigenes Erfahrungssammeln und Entscheiden weiter. Umso mehr spielnahe Situation simuliert und behandelt werden, umso größer wird der positive Effekt auch in einer Wettkampfsituation zu erkennen sein.

Der moderne Fußball erfordert intelligente Spieler, die nicht nur technisch und körperlich auf einem hohen Niveau sind, sondern die das Spiel und seine wechselnden Eigenschaften lesen können und dem

Team so zum Sieg verhelfen. Daher ist es von absoluter Priorität, junge Fußballspieler schon früh mit ihrer mentalen Handlungsfähigkeit zu konfrontieren, um diese stetig weiterzuentwickeln, denn ein Fußballer der von klein auf nicht nur seine Füße, sondern auch seinen Kopf zum Spielen verwendet, hat enorme Vorteile gegenüber dem, der die Spielintelligenz erst im erwachsenen Alter erlernen soll.

Mithilfe dieses Ratgebers sind Sie nun im besten Fall in der Lage, den Begriff Spielintelligenz zu verstehen, und auch, wie sich diese auf dem Spielfeld äußert. Des Weiteren wurde Ihnen verdeutlicht, worauf es bei einem guten Coach ankommt und wie er seine Spieler erreicht, um mit ihnen positive Erfahrungen auf dem Spielfeld zu sammeln. Durch die vorgetragenen Übungsbeispiele von FUNino für Kinder und Jugendliche und die Reswitch-Methode für Erwachsene können Sie bereits Ihre nächsten Trainingseinheiten so ausrichten, dass das Spielverständnis Ihrer Mannschaft verbessert wird.

Doch schrauben Sie Ihre Erwartungen nicht zu hoch, da diese Trainingsmethoden nicht von dem einen auf den anderen Tag erlernt werden können, sondern ein langer Prozess sind, die der Spieler nur durch häufiges Wiederholen und Ausprobieren erlernt.

Literatur-
verzeichnis

- Horst Wein: „Spielintelligenz im Fußball: kindergemäß trainieren":

- https://reswitch.de/das-reswitch-trainingskonzept

- https://www.dfb.de/trainer/f-juniorin/artikel/spielintelligenz-durch-funino-entwickeln-132/

- https://tracktics.com/werde-fit-im-kopf-mit-mental-training-im-fussball/

- https://www.netdoktor.de/baby-kleinkind/babys-erstes-jahr/motorische-entwicklung/

- http://www.deinfussballtrainer.de/spielintelligenz-im-fussball/

Herstellung und Verlag:

BoD – Books on Demand, Norderstedt

ISBN: 9783755755319

© Fritz Stenzel 2021

1. Auflage

Kontakt: Psiana eCom UG/ Berumer Str. 44/ 26844 Jemgum

Covergestaltung: Fenna Larsson

Coverfoto: depositphotos.com